Vente du Mercredi 17 Avril 1872

SALLE N° 7

OBJETS D'ART

ET DE

CURIOSITÉ

ARRIVANT DE L'ÉTRANGER

EXPOSITION PUBLIQUE

LE MARDI 16 AVRIL 1872

Me CHARLES OUDART	M. ÉMILE BARRE
COMMISSAIRE-PRISEUR	EXPERT
31, rue Le Peletier	20, Chaussée-d'Antin

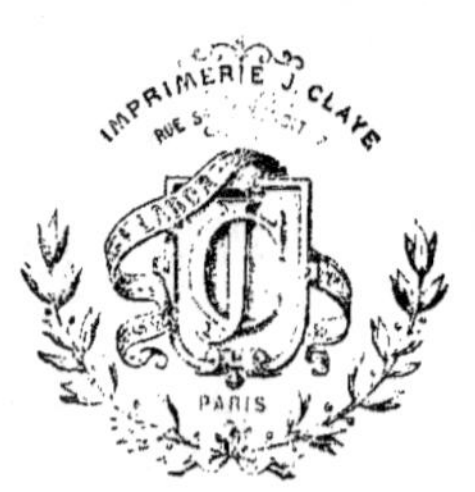

IMPRIMERIE J. CLAYE
RUE S...
PARIS

CONDITIONS DE LA VENTE

Elle sera faite au comptant.

Les acquéreurs payeront *cinq pour cent* en sus du prix d'adjudication.

Le Catalogue n'est fait qu'à titre de renseignements ; les énonciations qu'il renferme ne peuvent jamais être considérées comme des garanties.

L'Exposition mettant les adjudicataires à même de se rendre compte de la nature et de l'état des objets, il ne sera admis aucune réclamation une fois l'adjudication prononcée.

CATALOGUE

D'UNE

INTÉRESSANTE COLLECTION

DE

BOIS SCULPTÉS

DES XVIe, XVIIe, XVIIIe SIÈCLES

Dont 6 Dessus de porte Louis XVI

GROUPES — STATUETTES
BAS-RELIEFS — IVOIRES — ÉMAUX DE LIMOGES
BOITES ET BONBONNIÈRES — BIJOUX — FAIENCES FRANÇAISES
ET ITALIENNES — OBJETS D'AMEUBLEMENT — PENDULES
FLAMBEAUX ET CHENETS

TAPISSERIES ANCIENNES

LE TOUT ARRIVANT DE L'ÉTRANGER

DONT LA VENTE AUX ENCHÈRES AURA LIEU

Le Mercredi 17 Avril 1872

HOTEL DROUOT. SALLE N° 7

PAR LE MINISTÈRE DE **Mᵉ CHARLES OUDART,** COMMISSAIRE-PRISEUR
31, rue Le Peletier

ASSISTÉ DE **M. ÉMILE BARRE,** EXPERT
20, rue de la Chaussée-d'Antin

EXPOSIT

LE MARDI 16 Aᵛ

DÉSIGNATION SOMMAIRE

BRONZES ET FERS.
IVOIRES ET BOIS SCULPTÉS.

1. — Six beaux dessus de porte en bois sculpté. époque Louis XVI.

2. — Plaque de soufflet en bois sculpté avec armoirie et décoration de l'ordre du Saint-Esprit et de Saint-Michel.

3. — Groupe en bois sculpté, travail du xve siècle.

4. — Porte-plat du xvie siècle en bronze.

5. — Baiser de paix en ivoire, xvie siècle.

6. — Bas-relief en ivoire, même époque.

7. — Autre bas-relief de même époque. — Épisodes de la vie du Christ et de la Vierge.

8. — Un autre. — Le taureau Farnèse.

9. — Chapelet en os orné de ſ
jours du xvie sièc^l

10. — Deux petits satyres en ivoire sur socle.

11. — Petit cipe en ivoire. travail du xviie siècle.

12. — Petit coffret en marqueterie d'ivoire teinté. travail italien du xvie siècle.

13. — Statuette de la Renaissance, en poirier sculpté et doré : le Tireur d'épines.

14. — Groupe en ivoire, époque Louis XIV. Vierge et enfant Jésus.

15. — Petit buste de femme en poirier. xvie siècle.

16. — Deux consoles en chêne sculpté formées par des figures. travail du xve siècle.

17. — Charmant petit cadre en bois sculpté et peint. orné de guirlandes de fleurs.

18. — Deux petites figurines drapées en bronze argenté sur socle orné d'incrustations.

19. — Miroir en bronze gravé, antique, orné de figures.

20. — Encrier en bronze damasquiné argent et orné d'armoiries, xvie siècle.

·e d'émailleur du xviie siècle en bronze † gravé ; signé et daté.

''ques gothiques en bronze.

23. — Marteau de porte du xvi° siècle en fer forgé ;
autre petit marteau de porte, même époque.

24. — Très-beau plat du xvi° siècle en cuivre gravé,
avec sujets de cavaliers et attributs.

25. — Plat gothique en cuivre repoussé.

26. — Deux autres plats gothiques en cuivre repoussé.

27. — Deux paires de flambeaux en cuivre repoussé.

28. — Un flambeau gothique, cuivre repoussé.

29. — Deux pièces de fontaine en bronze du xvi° siècle
formées par des mascarons.

30. — Sept statuettes de la Renaissance, figurines
d'apôtres, en bronze sur socle.

31. — Deux petits vases de la Renaissance ornés de
têtes de satyres.

32. — Très-curieux bas-relief en bois sculpté de la fin
du xvi° siècle, représentant la Mise au tom-
beau.

33. — Statuette en poirier du xvi° siècle : Saint Jean.

34. — Plaque du xvi° siècle en bronze : le Jugement
de Salomon.

35. — Autre plaque : sujet biblique.

36. — Très-curieux bas-relief en bronze représentant
la célébration de la fête de Bacchus.

37. — Deux statuettes en bois sculpté, époque
Louis XIV, représentant des enfants portant
des corbeilles de fleurs.

38. — Très-curieuse montre en bronze à jours de la fin
du xvie siècle.

39. — Deux bras en fer doré à feuillage et fleurs, à
deux lumières chaque.

40. — Deux bras plus petits, à une lumière.

41. — Deux sceaux en cuivre repoussé.

42. — Deux fontes de pistolets en velours cramoisi,
galonnés de jaune.

43. — Un pistolet, garniture finement ciselée.

44. — Petits lutteurs en bronze.

45. — Deux petites consoles en bois sculpté, de la
Renaissance, formées par des cariatides.

46. — Cadre de la Renaissance en bois sculpté ; autre
cadre Louis XIII sculpté à jour.

47. — Quatre sceaux en bronze d'abbayes (sera divisé).

48. — Petit cylindre en bronze orné de bas-reliefs,
époque Louis XVI.

FAÏENCES.

49. — Pot à tabac en grès émaillé orné de bas-reliefs. époque Louis XIII.

50. — Très-ancienne plaque en faïence de Savonne, représentant le jugement de Salomon.

51. — Trois belles potiches en ancienne faïence de Delft, décor bleu.

52. — Deux grands cornets, même fabrique.

53. — Vase cylindrique en ancienne faïence de Ligneron.

54. — Grande fontaine en ancienne faïence de Nevers.

55. — Vase à couvercle à côtes, même fabrique.

56. — Petit plat fond vert, ancienne faïence de Pessaro.

57. — Plat en ancienne faïence de Castelli.

58. — Deux bouteilles, ancienne faïence de Delft à décor doré.

59. — Deux petits plats, faïence de Castel Duranti.

60. — Petit plat en ancienne faïence d'Urbino.

61. — Trois plats, faïence française de Normandie.

62. — Quatre assiettes, faïence italienne.

63. — Une écuelle d'accouchée avec son couvercle, faïence de Salzbourg.

64. — Un pot à café et un à lait, même fabrique.

65. — Une cruche décorée à squammes polychromes, monture d'étain, même fabrique.

66. — Une cruche à squammes bleues, même fabrique.

67. — Une cruche fleurs vertes sur fond jaune.

68. — Une cruche plus petite, fond blanc à relief, décor de fleurs.

69. — Une autre.

70. — Une petite cruche marbrée bleu et vert, fabrique de Salzbourg et couverte en étain.

71. — Une paire de bouteilles, faïence italienne, décor feuilles et fleurs de couleur sur fond bleu.

72. — Une paire vases à boule, même décor.

73. — Une paire petits cornets, même décor.

74. — Une autre, même genre.

75. — Une chèvre, terre cuite.

76. — Une autre.

77. — Quatre flacons porte-bouquets en verre de
    Bohême, taillés à facettes et bords dorés.

78. — Un bénitier, faïence italienne.

79. — Un petit bénitier, faïence de Salzbourg.

ÉMAUX.

80. — Plaque en émail de Laudin (signée). La Des-
    cente de croix.

81. — Une autre du même . Saint Jérôme.

82. — Tabatière en ancien émail de Saxe; autre taba-
    tière en ancien émail de Saxe.

83. — Belle plaque en émail de Nardou Pénécaud,
    représentant l'Annonciation.

84. — Petite coupe fond bleu en ancien émail de
    Saxe.

85. — Petit médaillon en émail, époque Louis XIV,
    avec cadre filigrane d'argent.

86. — Plaque émail sur argent, même époque, sujet
de bataille.

87. — Médaillon en émail, sujet d'intérieur, d'après
Le Prince.

OBJETS DIVERS.

88. — Petites pendules Louis XVI, à figures en bronze
doré.

89. — Petit porte-montre en terre cuite, de Marin.

90. — Petite pendule religieuse, en écaille, époque
Louis XIII.

91. — Autre pendule religieuse, même époque, ornée
de bronze argenté.

92. — Petit flambeau bronze, époque Louis XIV.

93. — Deux petits médaillons, époque Louis XIII.

94. — Flambeaux, même époque.

95. — Diverses pièces en faïence italienne.

96. — Un lot de pièces en cuivre repoussé et autres.

97. — Tapisseries des xvie et xviie siècles,

98. — Brocatelle, 26 mètres.

99. — Un christ en poirier sculpté.

100. — Une série de carreaux en faïence.

101. — Quelques tableaux anciens, dans leurs bordures sculptées.

102. — Six vitrages à vitres rondes entourés de plomb avec leurs anciens châssis. un vitrage peint au centre.

103. — Morceaux démontés de deux autres vitraux de couleur.

104. — Objets non catalogués.

PARIS. — J. CLAYE. IMPRIMEUR, 7, RUE SAINT-BENOIT. — [763]